パズル・ポシェット

漢字
ジグソー
スケルトン
ベスト

川内英輔

日本文芸社

漢字ジグソースケルトン
ベスト

解き方	3
問題	4
解答	118

★印が多い問題ほど、難易度が高い問題です。

編集協力／オフィス305
本文デザイン＆DTP／関原克美（Design Lab K）
カバー・本扉デザイン／吉村真紀（ZEROgraphics）

解き方

リストのタテ・ヨコの漢字ピースを空マスに入れて、漢字スケルトンを完成させるパズルです。すでに入っている漢字をヒントに、タテ・ヨコに読んで熟語になるようにピースを入れていきます。漢字スケルトンが完成したとき、二重マスが四つ並んでいる場合はそこにできた四字熟語が、バラバラの場合は組み合わせてできる三字熟語、四字熟語が答です。

例題　　　　　　　　　　　リスト

ヒントの漢字と熟語になる漢字のピースを見つけて入れていきます。
（四字熟語が解くカギです）

入ったピースは新しいヒントになりリストも減るので解きやすくなっていきます。

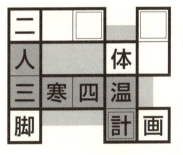

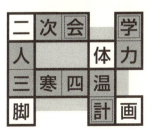

二重マスの「会」「学」「計」を組み合わせてできる「会計学」が答です。

Question 1

漢字二文字のピースを当てはめ、漢字スケルトンを完成させてください。全部埋めたら、二重マスの漢字でできる三字熟語を答えてください。

家
系

楽
日

曲
家

生
活

儀	作

政	学

大	根

天	気

和	食

入門編 / 初級編 / 中級編 / 上級編

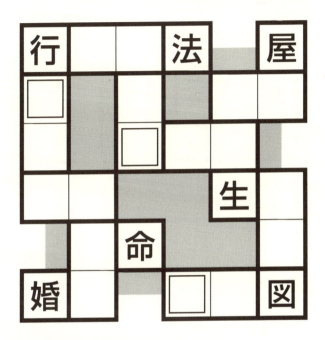

答 □□□

解答は118ページ

Question 2

漢字二文字のピースを当てはめ、漢字スケルトンを完成させてください。全部埋めたら、二重マスの漢字でできる三字熟語を答えてください。

我	月	貯	半
夢	日	水	分

面
白

一	文		化	粧

見	草		中	年

入門編 | 初級編 | 中級編 | 上級編

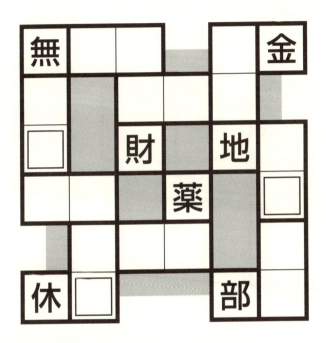

答 □□□

解答は118ページ

Question 3 ★

漢字二文字のピースを当てはめ、漢字スケルトンを完成させてください。全部埋めたら、二重マスの漢字でできる三字熟語を答えてください。

画／一

見／本　徒／会　同／小

物／理

科／学　留／学

量／生　話／文

| 入門編 | 初級編 | 中級編 | 上級編 |

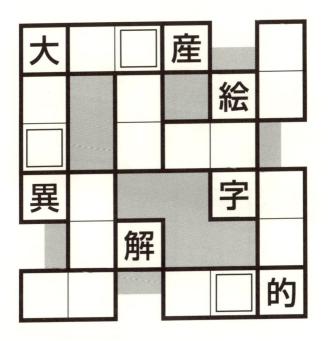

答 □□□

解答は118ページ

Question 4 ★

漢字二文字のピースを当てはめ、漢字スケルトンを完成させてください。全部埋めたら、二重マスの漢字でできる三字熟語を答えてください。

| 記念 | 公園 | 行動 | 写真 |

| 進月 | 納品 |

| 主力 | 本人 |

| 類似 |

入門編 初級編 中級編 上級編

日		☐			屋
		愛		書	
歩			☐		
		物			
☐				純	

答 ☐☐☐

解答は118ページ

Question 5 ★

漢字二文字のピースを当てはめ、漢字スケルトンを完成させてください。全部埋めたら、二重マスの漢字でできる三字熟語を答えてください。

| 金曜 | 後者 | 文化 | 流行 |

| 力発 |

| 英語 | 光明 |

| 粧品 | 念日 |

入門編 初級編 中級編 上級編

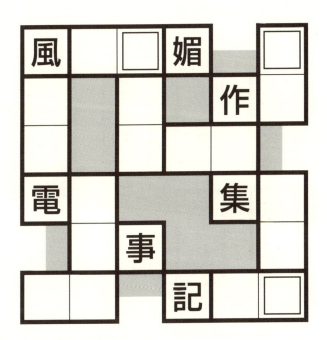

答

解答は119ページ

Question 6 ★

漢字二文字のピースを当てはめ、漢字スケルトンを完成させてください。全部埋めたら、二重マスの漢字でできる三字熟語を答えてください。

| 運送 | 攪千 | 再会 | 小説 |

| 長編 | 動物 |

| 営業 | 記念 |

| 両日 |

入門編 初級編 中級編 上級編

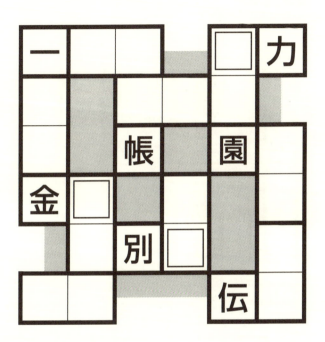

解答は119ページ

Question 7 ★★

漢字二文字のピースを当てはめ、漢字スケルトンを完成させてください。全部埋めたら、二重マスの四字熟語を答えてください。

器時	功序	子版	食生
団子	勉強		

月日	現代	磁石
弱肉	性炭	本調
婿養	列強	

16

入門編　**初級編**　中級編　上級編

年				電		
		間				
	□	□	□	□		
花						石
			活			

答 □□□□

解答は119ページ

Question 8 ★★

漢字二文字のピースを当てはめ、漢字スケルトンを完成させてください。全部埋めたら、二重マスの四字熟語を答えてください。

| 外出 | 玩動 | 記帳 | 勤務 |

| 断大 | 地図 |

意固	休日	駆者
国心	天敵	電話
灯油	物産

入門編 | **初級編** | 中級編 | 上級編

愛				白		
		気				
	□	□	□	□		
節						若
				先		

答 ☐☐☐☐

解答は119ページ

Question 9 ★★

漢字二文字のピースを当てはめ、漢字スケルトンを完成させてください。全部埋めたら、二重マスの四字熟語を答えてください。

| 医学 | 家発 | 給料 | 金曜 |
| 庭教 | 題性 | | |

恩師	通話	転車
電流	内科	本酒
夜行	律家	

20

入門編 **初級編** 中級編 上級編

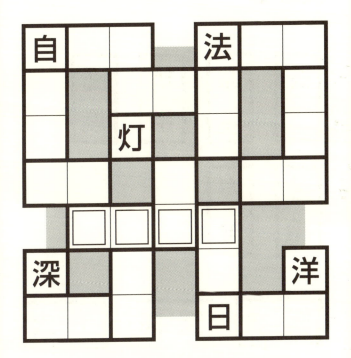

答

解答は119ページ

Question 10 ★★

漢字二文字のピースを当てはめ、漢字スケルトンを完成させてください。全部埋めたら、二重マスの四字熟語を答えてください。

画	血	折	部
工	球	半	屋

分	方
譲	美

- 医学
- 関図
- 下水
- 重歯
- 人体
- 熱気
- 豊作
- 面白

| 入門編 | **初級編** | 中級編 | 上級編 |

八　　　　　相

　　　　者

　　□□□□

微　　　　香

　　　　地

答 □□□□

解答は119ページ

Question 11 ★★

漢字二文字のピースを当てはめ、漢字スケルトンを完成させてください。全部埋めたら、二重マスの四字熟語を答えてください。

| 会人 | 格診 | 今晩 | 成人 |
| 刀両 | 楽曲 | | |

横断	交性	行進
次第	大器	断絶
舞踏	覧表	

24

入門編 初級編 中級編 上級編

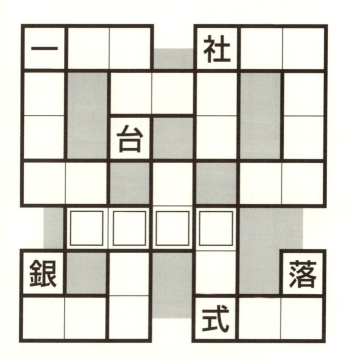

答 □□□□

解答は120ページ

Question 12 ★★

漢字二文字のピースを当てはめ、漢字スケルトンを完成させてください。全部埋めたら、二重マスの四字熟語を答えてください。

休刊 / 心街 / 道橋 / 明正

有無 / 与所

下水 / 光浴 / 合給

説得 / 大学 / 年中

繁華 / 有地

入門編 **初級編** 中級編 上級編

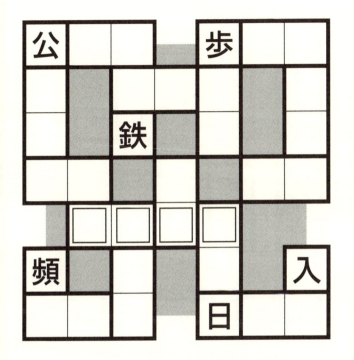

答 ☐☐☐☐

解答は 120 ページ

27

Question 13 ★★

漢字二文字のピースを当てはめ、漢字スケルトンを完成させてください。全部埋めたら、二重マスの四字熟語を答えてください。

ピース:
- 気絶
- 後援
- 成写
- 帯夜
- 売券
- 和辞

スケルトン:
- 回数
- 空前
- 血漢
- 言葉
- 祭典
- 社員
- 真夏
- 緑地

初級編

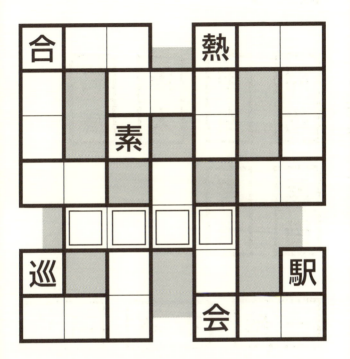

解答は120ページ

Question 14 ★★

漢字二文字のピースを当てはめ、漢字スケルトンを完成させてください。全部埋めたら、二重マスの四字熟語を答えてください。

| 開始 | 国為 | 国大 | 終着 |

| 屋街 | 屋代 |

一部	古本	時中
食事	題外	長室
名画	両替

入門編 | **初級編** | 中級編 | 上級編

戦　　　　問　　
　　　　　　　　
　　車　　　　　
　　　　　　　　
　□□□□　　
朝　　　　　密
　　　　駅　　

答 □□□□

解答は120ページ

Question 15 ★★

漢字二文字のピースを当てはめ、漢字スケルトンを完成させてください。全部埋めたら、二重マスの四字熟語を答えてください。

縦ピース:
- 行/楽
- 自/動
- 純/銀
- 水/車
- 場/所
- 路/標

横ピース:
- 音 楽
- 現 住
- 車 両
- 天 然
- 日 本
- 博 識
- 平 線
- 歩 道

入門編 / **初級編** / 中級編 / 上級編

軽				散		
		家				
	□	□	□	□		
実						路
				地		

答 □□□□

解答は120ページ

Question 16 ★★

漢字二文字のピースを当てはめ、漢字スケルトンを完成させてください。全部埋めたら、二重マスの四字熟語を答えてください。

関	見	転	日
士	遊	校	一

物	唯
園	一

刊 行	植 物	心 機

雪 山	善 良	弁 護

野 菜	両 日

34

入門編 **初級編** 中級編 上級編

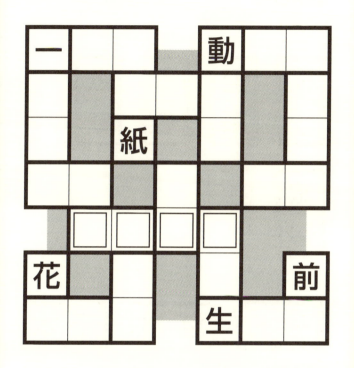

答 ☐☐☐☐

解答は120ページ

Question 17 ★★

漢字二文字のピースを当てはめ、漢字スケルトンを完成させてください。全部埋めたら、二重マスの漢字でできる三字熟語を答えてください。

| 長 | 配 | 命 | 欲 |
| 一 | 事 | 令 | 旺 |

| 旅 |
| 客 |

一	人		絵	空		庫	本
商	売		心	立		大	盛
短	大		非	常

入門編 初級編 中級編 上級編

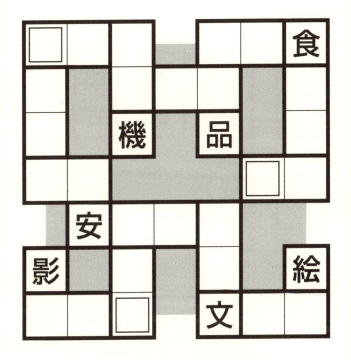

解答は121ページ

Question 18 ★★

漢字二文字のピースを当てはめ、漢字スケルトンを完成させてください。全部埋めたら、二重マスの漢字でできる三字熟語を答えてください。

| 球 | 手 | 垂 | 送 |
| 人 | 箱 | 直 | 受 |

| 同 | 録 |
| 小 | 映 |

異	国		芸	能		号	機
産	地		大	目		荷	物
風	土		邦	画

| 入門編 | **初級編** | 中級編 | 上級編 |

		玉				記
				詩		
園						危
				信		

答 ☐☐☐

解答は 121 ページ

Question 19 ★★★

漢字二文字のピースを当てはめ、漢字スケルトンを完成させてください。全部埋めたら、二重マスの四字熟語を答えてください。

ピース（上段）:
- 花屋
- 絵手
- 解答
- 手拍
- 晴耕
- 部外
- 裏表
- 旅客

ピース（下段）:
- 案用
- 運転
- 気者
- 子供
- 紙袋
- 間賃
- 修学
- 日本
- 梅雨
- 路地

40

入門編 初級編 **中級編** 上級編

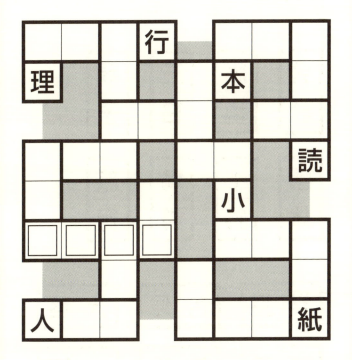

答 □□□□

解答は 121 ページ

Question 20 ★★★

漢字二文字のピースを当てはめ、漢字スケルトンを完成させてください。全部埋めたら、二重マスの四字熟語を答えてください。

| 会計 | 原稿 | 三日 | 親子 |
| 団体 | 不器 | 満員 | 旅行 |

学芸	月見	光客
順風	政書	大海
電熱	費用	用心
輪車		

42

| 入門編 | 初級編 | **中級編** | 上級編 |

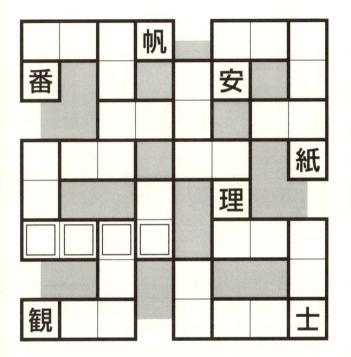

答 ☐☐☐☐

解答は121ページ

43

Question 21 ★★★

漢字二文字のピースを当てはめ、漢字スケルトンを完成させてください。全部埋めたら、二重マスの四字熟語を答えてください。

羽毛	高気	室外	深海
船長	大量	白紙	不注

圧力	意味	雨合
花火	昆布	事務
生意	刀魚	動産
飛行		

44

入門編 / 初級編 / **中級編** / 上級編

			会				
束					音		
							団
					仕		
秋							機

答 ☐☐☐☐

解答は121ページ

Question 22 ★★★

漢字二文字のピースを当てはめ、漢字スケルトンを完成させてください。全部埋めたら、二重マスの四字熟語を答えてください。

| 交換 | 水蒸 | 双曲 | 転校 |
| 年中 | 文豪 | 母子 | 屋形 |

握手	華客	気分
級生	行進	仕事
線香	年末	養父
料理		

入門編 初級編 **中級編** 上級編

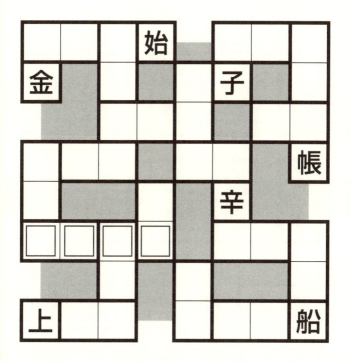

答 ☐☐☐☐

解答は 121 ページ

Question 23 ★★★

漢字二文字のピースを当てはめ、漢字スケルトンを完成させてください。全部埋めたら、二重マスの四字熟語を答えてください。

| 工芸 | 紙粘 | 山紫 | 食事 |
| 人生 | 接待 | 日曜 | 表現 |

活火	観光	機電
細工	需品	小春
成績	清水	大学
土木		

入門編 / 初級編 / **中級編** / 上級編

			和				
鳥					気		
							明
				合			
必							力

答 ☐☐☐☐

解答は122ページ

49

Question 24 ★★★

漢字二文字のピースを当てはめ、漢字スケルトンを完成させてください。全部埋めたら、二重マスの四字熟語を答えてください。

| 学校 | 刻表 | 色彩 | 十年 |
| 情報 | 寝正 | 音色 | 料理 |

郷土	均一	月歩
源地	極彩	時代
十人	先生	同感
日進		

			理			
愁					楽	
			☐			
			☐			覚
			☐			
			☐			
						再
震				長		

答 ☐☐☐☐

解答は122ページ

Question 25 ★★★

漢字二文字のピースを当てはめ、漢字スケルトンを完成させてください。全部埋めたら、二重マスの四字熟語を答えてください。

意文	幹線	期的	事異

図書	物質	楽地

温泉	会人	簡文
行動	新社	人物
地球	日本	表裏
力仕	旅館	

52

入門編 / 初級編 / **中級編** / 上級編

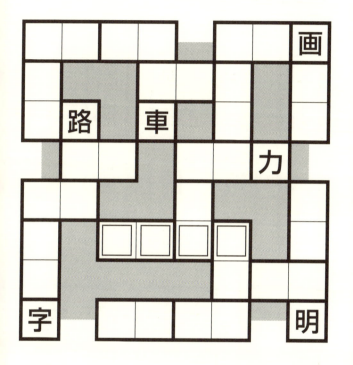

解答は 122 ページ

Question 26 ★★★

漢字二文字のピースを当てはめ、漢字スケルトンを完成させてください。全部埋めたら、二重マスの四字熟語を答えてください。

| 学者 | 学生 | 国名 | 出処 |
| 人工 | 地面 | 内安 | 目的 |

家庭	護衛	守番
進学	天気	天地
道案	無用	躍如
予報		

入門編 初級編 **中級編** 上級編

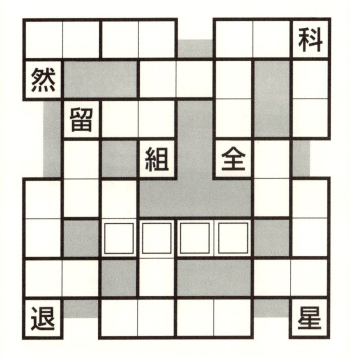

答 ☐☐☐☐

解答は122ページ

Question 27 ★★★

漢字二文字のピースを当てはめ、漢字スケルトンを完成させてください。全部埋めたら、二重マスの四字熟語を答えてください。

| 悪運 | 会均 | 金屏 | 向上 | 守歌 |
| 前哨 | 闘技 | 販店 | 裏一 | 和式 |

一心	菓子	戦苦
代表	同体	売機
梅雨	不平	

入門編 初級編 **中級編** 上級編

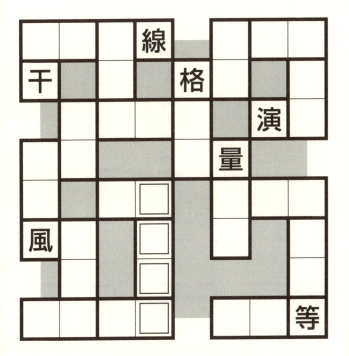

答 ☐☐☐☐

解答は122ページ

Question 28 ★★★

漢字二文字のピースを当てはめ、漢字スケルトンを完成させてください。全部埋めたら、二重マスの四字熟語を答えてください。

期	期	山	道
一	券	植	雲

風	満	無
船	月	量

円	花	解
高	鳥	体

散	者	手
霧	定	荷

神	入	年
社	場	生

布	腹
団	感

入門編 初級編 **中級編** 上級編

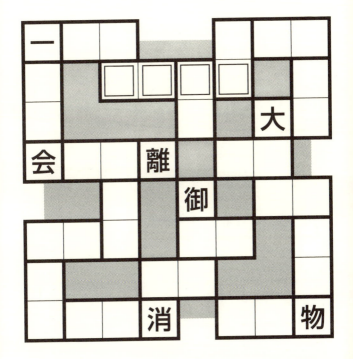

解答は122ページ

Question 29 ★★★

漢字二文字のピースを当てはめ、漢字スケルトンを完成させてください。全部埋めたら、二重マスの漢字でできる四字熟語を答えてください。

- 学生
- 間性
- 車内
- 手当
- 食道
- 日坊
- 表情
- 味料
- 融緩
- 運転
- 活費
- 勤務
- 月夜
- 三輪
- 主人
- 調査
- 年金
- 楽日

入門編　初級編　**中級編**　上級編

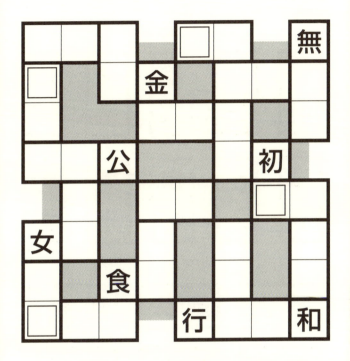

答 □□□□

解答は 123 ページ

Question 30 ★★★

漢字二文字のピースを当てはめ、漢字スケルトンを完成させてください。全部埋めたら、二重マスの漢字でできる四字熟語を答えてください。

縦ピース:
- 愛／妻
- 会／社
- 学／部
- 交／番
- 山／道
- 事／異
- 出／入
- 書／物
- 力／車
- 力／発

横ピース:
- 案｜内
- 家｜人
- 活｜動
- 口｜座
- 国｜際
- 子｜辞
- 林｜火
- 恋｜文

入門編 初級編 **中級編** 上級編

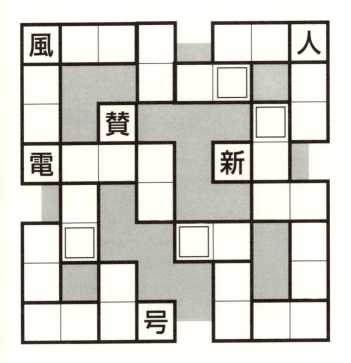

答 ☐☐☐☐

解答は 123 ページ

Question 31 ★★★

漢字二文字のピースを当てはめ、漢字スケルトンを完成させてください。全部埋めたら、二重マスの漢字でできる四字熟語を答えてください。

一対	一番	海外	国士	知識
無双	仏教	未解	難点	

決勝	限大	行合
産物	前人	入口
問題	立大	料理

入門編 / 初級編 / **中級編** / 上級編

			学			
			□			欲
□				旅		
	門					
					到	
場						□
	□		室			

答 ☐☐☐☐

解答は123ページ

Question 32 ★★★

漢字二文字のピースを当てはめ、漢字スケルトンを完成させてください。全部埋めたら、二重マスの漢字でできる四字熟語を答えてください。

| 会議 | 曲線 | 合集 | 女作 | 人畜 |

| 長方 | 道具 | 無害 | 料理 |

| 気 | 道 | | 金 | 所 | | 形 | 劇 |

| 者 | 定 | | 小 | 夜 | | 像 | 処 |

| 代 | 表 | | 優 | 美 |

入門編　初級編　**中級編**　上級編

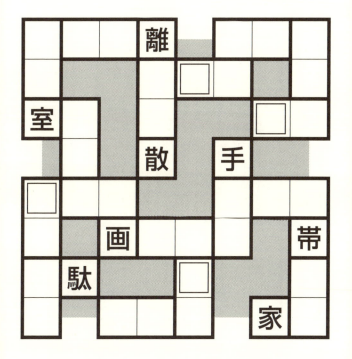

答 □□□□

解答は123ページ

Question 33 ★★★★

漢字二文字のピースを当てはめ、漢字スケルトンを完成させてください。全部埋めたら、二重マスの四字熟語を答えてください。

| 意味 | 客中 | 工場 | 手紙 | 消毒 |
| 深長 | 石火 | 地直 | 費用 | 部始 |

棒大	学生	光熱
	周到	終電
小切	着心	釣針
日曜	放送	薬剤
陽来		

68

入門編 / 初級編 / 中級編 / **上級編**

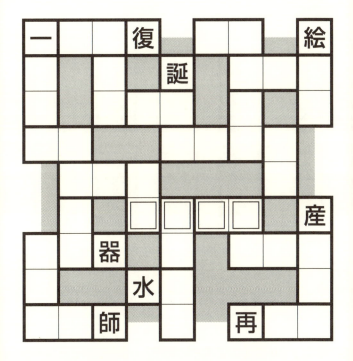

答 ☐☐☐☐

解答は 123 ページ

Question 34 ★★★★

漢字二文字のピースを当てはめ、漢字スケルトンを完成させてください。全部埋めたら、二重マスの四字熟語を答えてください。

| 一触 | 子供 | 耳東 | 即発 | 体重 |
| 年月 | 評会 | 布団 | 部屋 | 力車 |

自治	社員	水車
鮮食	電気	泡酒
北風	本人	馬車
満腹	毛布

入門編 初級編 中級編 **上級編**

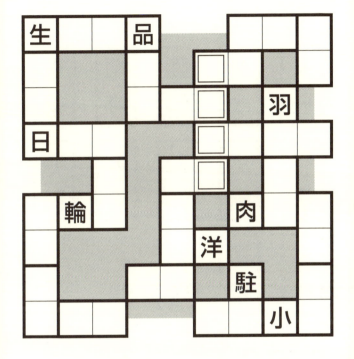

答 ☐☐☐☐

解答は 123 ページ

Question 35 ★★★★

漢字二文字のピースを当てはめ、漢字スケルトンを完成させてください。全部埋めたら、二重マスの四字熟語を答えてください。

案内 / 寒中 / 教科 / 剤師 / 祝祭

辛子 / 水泳 / 整然 / 途洋 / 道具

名所 / 番電 / 留守

自慢 / 邪薬 / 十八

小児 / 前日 / 電車

物料 / 洋菓 / 路面

入門編 初級編 中級編 **上級編**

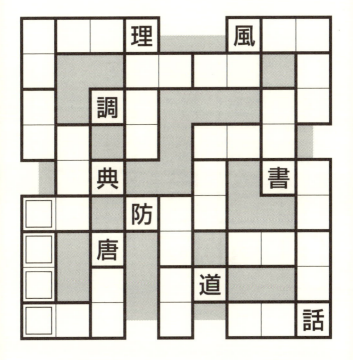

答 ☐☐☐☐

解答は124ページ

Question 36 ★★★★

漢字二文字のピースを当てはめ、漢字スケルトンを完成させてください。全部埋めたら、二重マスの四字熟語を答えてください。

一報　雲流　雨模　花火　学生
行演　栽培　進月　水耕　晴天
　　　　　　大会　優美

衣帯
気予　行者　時間
主人　週末　出家
日本　明書　様式

入門編 初級編 中級編 **上級編**

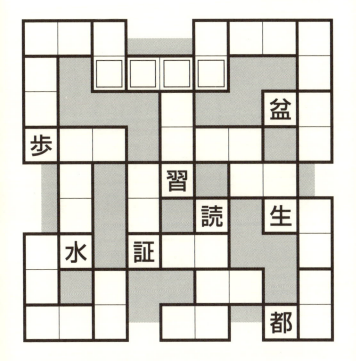

答 ☐☐☐☐

解答は124ページ

Question 37 ★★★★

漢字二文字のピースを当てはめ、漢字スケルトンを完成させてください。全部埋めたら、二重マスの四字熟語を答えてください。

家屋	画家	活動	鏡止	行楽
純文	代理	日本	日和	部長
	満開	陽来		

円玉

学校　計簿　公園

国立　子供　写生

水曜　族旅　明後

入門編 / 初級編 / 中級編 / **上級編**

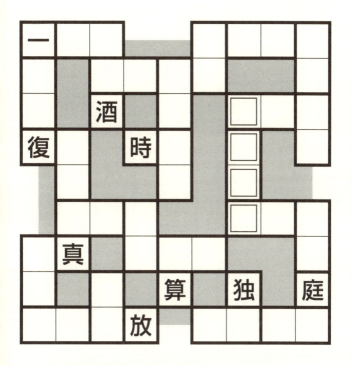

答 ☐☐☐☐

解答は 124 ページ

Question 38 ★★★★

漢字二文字のピースを当てはめ、漢字スケルトンを完成させてください。全部埋めたら、二重マスの四字熟語を答えてください。

安心 / 活用 / 公的 / 交通 / 時代
賞状 / 真夜 / 新車 / 整理 / 大正
庭菜 / 道案 / 園芸 / 家内
感謝 / 空間 / 月日
世代 / 生年 / 中下
陳列 / 本格 / 明正

| 入門編 | 初級編 | 中級編 | **上級編** |

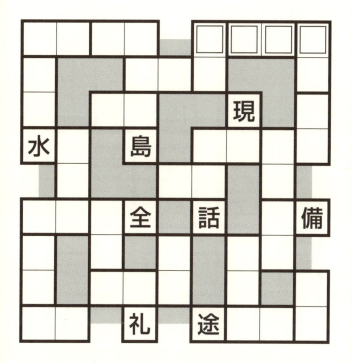

答 ☐☐☐☐

解答は124ページ

Question 39 ★★★★

漢字二文字のピースを当てはめ、漢字スケルトンを完成させてください。全部埋めたら、二重マスの四字熟語を答えてください。

過剰 / 兼備 / 才色 / 自意 / 真爛
装身 / 体力 / 道案 / 販売 / 予想
理性
外気 / 気予
具合 / 交通
告白 / 室内 / 信憑
切符 / 知識 / 投書
繁盛

80

入門編 / 初級編 / 中級編 / **上級編**

天			報		片			
								飾
漫					温			
				去				
				商				

答 ▢▢▢▢

解答は 124 ページ

81

Question 40 ★★★★

漢字二文字のピースを当てはめ、漢字スケルトンを完成させてください。全部埋めたら、二重マスの四字熟語を答えてください。

医薬	化遺	器晩	彩画	氏物
自慢	人生	切手	哲学	母性
		本能	洋食	

妻賢			
資源	親心	水産	
同小	拍子	評会	
文庫	命力	来語	

82

入門編 初級編 中級編 **上級編**

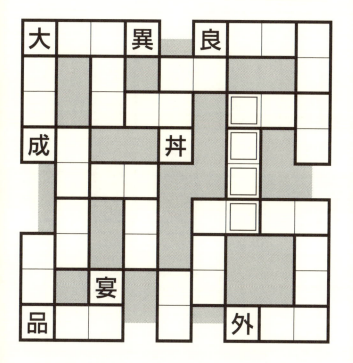

答 ☐☐☐☐

解答は124ページ

Question 41 ★★★★

漢字二文字のピースを当てはめ、漢字スケルトンを完成させてください。全部埋めたら、二重マスの四字熟語を答えてください。

| 活環 | 女子 | 女心 | 電気 | 風車 |

| 本茶 | 無邪 | 楽日 |

| 意気 |

雲流	往復	界線
記念	帰国	生薬
創立	大工	中古
夫婦	目的	力発

84

入門編 / 初級編 / 中級編 / **上級編**

答 ☐☐☐☐

解答は 125 ページ

Question 42 ★★★★

漢字二文字のピースを当てはめ、漢字スケルトンを完成させてください。全部埋めたら、二重マスの四字熟語を答えてください。

| 観光 | 願成 | 昨日 | 質的 | 心象 |
| 人事 | 大変 | 中学 | 風景 | 用力 |

| 応接 | | 理科 | 臨時 | |
| 華料 | | | | |

回線	絵心	機一
厚生	就寝	大地
福利	本願	曜日

86

入門編 / 初級編 / 中級編 / **上級編**

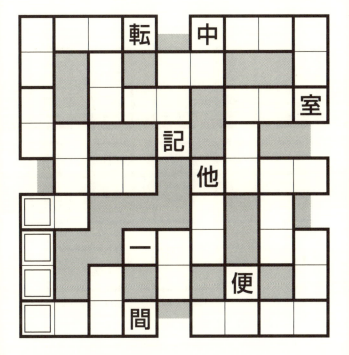

答 ☐☐☐☐

解答は125ページ

Question 43 ★★★★

漢字二文字のピースを当てはめ、漢字スケルトンを完成させてください。全部埋めたら、二重マスの四字熟語を答えてください。

ピース:
- 安全
- 縁組
- 家庭
- 学院
- 気炬
- 災報
- 水産
- 第一
- 知器
- 無限
- 料理
- 吉日
- 休息
- 生意
- 石火
- 全運
- 大安
- 団欒
- 電光
- 物大
- 理番
- 立病

入門編 初級編 中級編 **上級編**

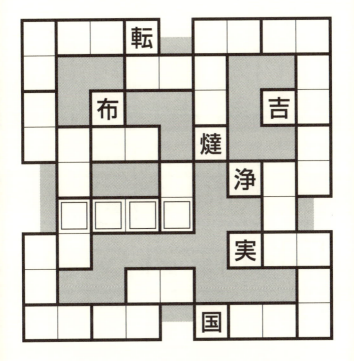

答 ☐☐☐☐

解答は 125 ページ

Question 44 ★★★★

漢字二文字のピースを当てはめ、漢字スケルトンを完成させてください。全部埋めたら、二重マスの四字熟語を答えてください。

ピース:
安吉／間国／寒中／宿題／新品／土愛／夢幻／用水／楽息／温泉／気団／故郷／工事／妻家／守歌／出入／人口／大器／知人／道路／晩成／密度／無我

入門編 初級編 中級編 **上級編**

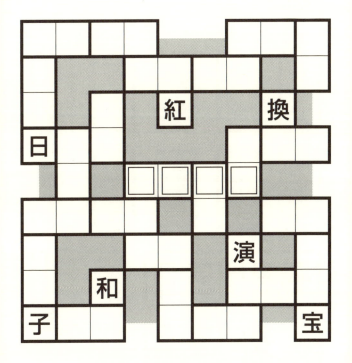

答 ☐☐☐☐

解答は125ページ

Question 45 ★★★★

漢字二文字のピースを当てはめ、漢字スケルトンを完成させてください。全部埋めたら、二重マスの漢字でできる四字熟語を答えてください。

一心	期的	芸能	行進	校集
操作	庭菜	同体	放感	問着

家族	家庭			不断
画女	会場			
重計	柔道	正解		
全問	探訪	歩道		

92

入門編 初級編 中級編 **上級編**

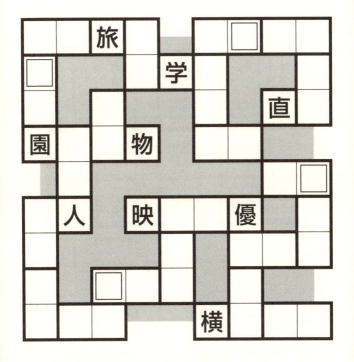

答 ☐☐☐☐

解答は 125 ページ

Question 46 ★★★★

漢字二文字のピースを当てはめ、漢字スケルトンを完成させてください。全部埋めたら、二重マスの漢字でできる四字熟語を答えてください。

案内 / 夏日 / 兼行 / 作自 / 三輪
地力 / 族旅 / 大会 / 大地 / 昼夜
都電 / 内食 / 楽天
演技
下水 / 火曜 / 家発
国花 / 写真 / 内安
熱帯 / 場所 / 列車

入門編 / 初級編 / 中級編 / **上級編**

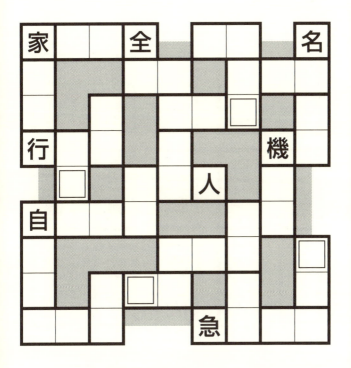

答 ☐☐☐☐

解答は 125 ページ

Question 47 ★★★★

漢字二文字のピースを当てはめ、漢字スケルトンを完成させてください。全部埋めたら、二重マスの漢字でできる四字熟語を答えてください。

金管	事堂	士無	実家	社員
取引	勝手	先物	送別	足音
大局	題名	必需	由奔	楽器

会議	給自	質賃
双子	万有	品質
分度		

| 入門編 | 初級編 | 中級編 | **上級編** |

自					□		
			楽				
					自		
放							
			□				
国						勝	
			宝				
□							
			□	力		問	

答 □ □ □ □

解答は 126 ページ

97

Question 48 ★★★★

漢字二文字のピースを当てはめ、漢字スケルトンを完成させてください。全部埋めたら、二重マスの漢字でできる四字熟語を答えてください。

| 海千 | 活雑 | 完全 | 形劇 | 語大 |
| 葉樹 | 事異 | 世一 | 日曜 | 山千 |

| 家電 | | 楽街 | 路面 | |
| 外貨 | | | | |

載一	自動	時代
室内	水浴	大安
代理	落花	

98

入門編 初級編 中級編 **上級編**

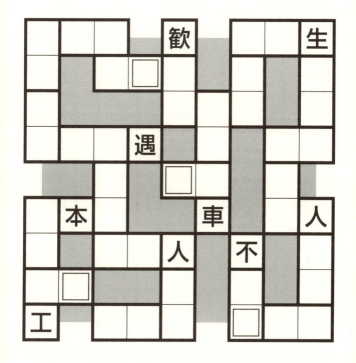

答 □□□□

解答は126ページ

Question 49 ★★★★

漢字二文字のピースを当てはめ、漢字スケルトンを完成させてください。全部埋めたら、二重マスの漢字でできる四字熟語を答えてください。

一姫	会席	環状	気者	期待
器晩	行政	処分	線形	太郎
安吉		本一	曜日	料理
感謝				

| 三味 | 事国 | 人式 |
| 石二 | 定離 | 方通 |

100

入門編 / 初級編 / 中級編 / **上級編**

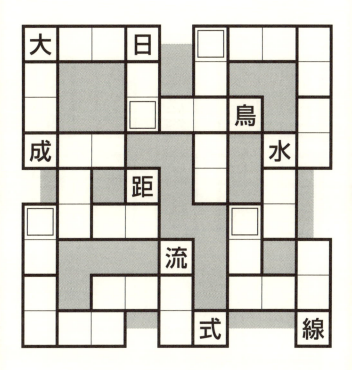

答 ☐☐☐☐

解答は126ページ

Question 50 ★★★★

漢字二文字のピースを当てはめ、漢字スケルトンを完成させてください。全部埋めたら、二重マスの漢字でできる四字熟語を答えてください。

| 期日 | 下一 | 交差 | 合一 | 時計 |
| 水蒸 | 世界 | 知行 | 朝一 | 調節 |

温故	間一	最盛
出勤	心同	体長
台風	短気	地下
通訳	夕立	

102

入門編　初級編　中級編　**上級編**

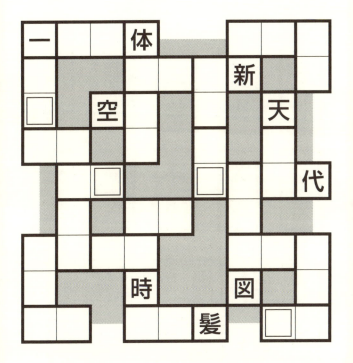

答 ☐☐☐☐

解答は126ページ

Question 51 ★★★★

漢字二文字のピースを当てはめ、漢字スケルトンを完成させてください。全部埋めたら、二重マスの漢字でできる四字熟語を答えてください。

| 宇壮 | 花火 | 会堂 | 源地 | 校野 |
| 線香 | 測定 | 体力 | 駐車 | 道雲 |

火曜	海岸	気流
吉事	上昇	速道
大入	避暑	風鈴
歩合	流水	

104

入門編　初級編　中級編　**上級編**

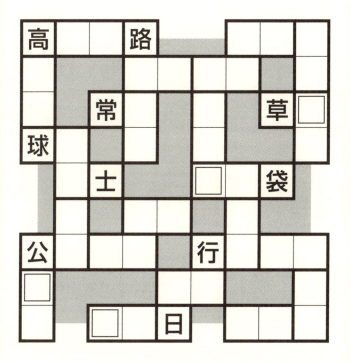

答　□□□□

解答は126ページ

Question 52 ★★★★

漢字二文字のピースを当てはめ、漢字スケルトンを完成させてください。全部埋めたら、二重マスの漢字でできる四字熟語を答えてください。

配置済みピース:
- 一期
- 学用
- 割引
- 事異
- 場面
- 真夜
- 正時
- 木一

候補ピース:
- 一昼
- 一筆
- 横断
- 行動
- 心地
- 生哲
- 草創
- 大都
- 代金
- 歩道
- 方面
- 名品
- 網打
- 力仕

106

入門編 初級編 中級編 **上級編**

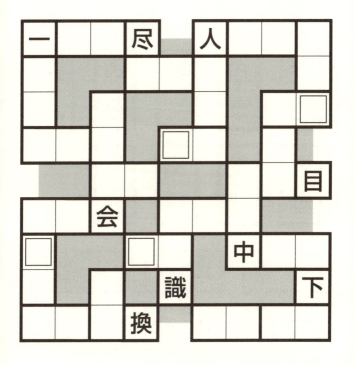

答 □□□□

解答は126ページ

Question 53 ★★★★

漢字二文字のピースを当てはめ、漢字スケルトンを完成させてください。全部埋めたら、二重マスの漢字でできる四字熟語を答えてください。

| 間国 | 古車 | 校生 | 線路 | 転八 |
| 途半 | 晩成 | 品評 | 不注 |

意中	承転	速道
大胆	中学	中立
電力	導体	秘密
福神	兵器	宝飾
面会

108

入門編　初級編　中級編　**上級編**

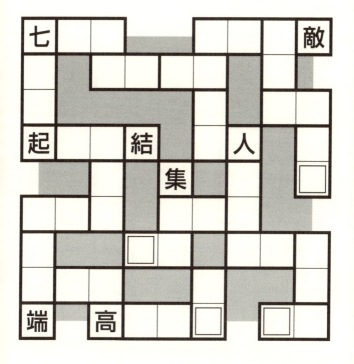

答 ☐☐☐☐

解答は127ページ

Question 54 ★★★★

漢字二文字のピースを当てはめ、漢字スケルトンを完成させてください。全部埋めたら、二重マスの漢字でできる四字熟語を答えてください。

| 無我 | 温泉 | 願成 | 奇人 | 心理 |
| 新進 | 想定 | 坊主 | 院長 | 夢中 |

| 学病 |
| 寒四 |

| 料品 | 類愛 |

休日	誌面	人式
天気	念無	服地
予報	用地	理人

110

入門編　初級編　中級編　**上級編**

三

物　食

大

情

就　鋭

答 ☐☐☐☐

解答は 127 ページ

Question 55 ★★★★

漢字二文字のピースを当てはめ、漢字スケルトンを完成させてください。全部埋めたら、二重マスの漢字でできる四字熟語を答えてください。

感想	気自	高気	時計	商人
生服	生命	体内	通信	動車
念物	然記	平洋		

奇行	外科	校法
時代	象学	縄文
頂天	発電	陽光

112

入門編 初級編 中級編 **上級編**

太						有		
				治				
		運						
						代		
圧		命						
							〇	
	〇			〇				
				学				

答 ☐☐☐☐

解答は127ページ

113

Question 56 ★★★★

漢字二文字のピースを当てはめ、漢字スケルトンを完成させてください。全部埋めたら、二重マスの漢字でできる四字熟語を答えてください。

| 運動 | 時計 | 新進 | 地中 | 中南 |
| 天国 | 転車 | 内安 | 歩行 | 曜大 |

鍋奉	気宇	料理
月下	工事	
全自	大黒	庭円
途半	日米	氷人

114

| 入門編 | 初級編 | 中級編 | **上級編** |

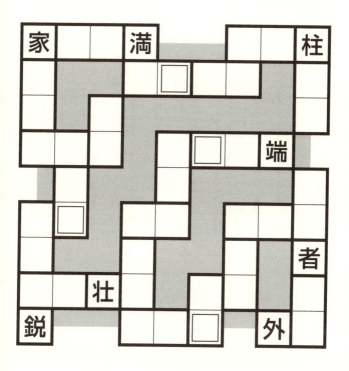

答 ☐☐☐☐

解答は 127 ページ

Question 57 ★★★★

漢字二文字のピースを当てはめ、漢字スケルトンを完成させてください。全部埋めたら、二重マスの漢字でできる四字熟語を答えてください。

遺産	衛星	学生	気象	気変
商人	千秋	朝一	文化	文学

化球	騎当	林浴
行動	雑木	
跡未	動物	明開
夕景	羅万	楽大

| 入門編 | 初級編 | 中級編 | **上級編** |

一　　　　　　　　証

　　音

　　　　　　　　畜

　　野

　　　　　森

　　踏　　　　流

答 ☐☐☐☐

Q1 楽天家

行	儀	作	法		屋
楽		曲		大	根
日		家	政	学	
和	食		生		家
	生	命		系	
婚	活		天	気	図

Q2 白日夢

無	一	文		貯	金
我		化	粧	水	
夢		財		地	面
中	年		薬		白
	月	見	草		半
休	日			部	分

Q3 小学生

大	量	生	産		見
同		徒		絵	本
小		会	話	文	
異	物		字		画
	理	解		一	
留	学		科	学	的

Q4 主人公

日	本	人		納	屋
進		類	似	品	
月		愛		書	記
歩	行		公		念
	動	物	園		写
主	力			純	真

Q5 明後日

風	光	明	媚		後
力		文		作	者
発		化	粧	品	
電	流		集	金	
	行	事		曜	
英	語		記	念	日

Q6 運動会

一	両	日		動	力
攫		記	念	物	
千		帳		園	長
金	運		再		編
	送	別	会		小
営	業			伝	説

Q7 弱肉強食

年	月	日		電	磁	石
功		本	調	子		器
序		間		版		時
列	強		勉		現	代
	弱	肉	強	食		
花		団		生		石
婿	養	子		活	性	炭

Q8 休日出勤

愛	国	心		白	灯	油
玩		意	固	地		断
動		気		図		大
物	産		外		天	敵
	休	日	出	勤		
節		記		務		若
電	話	帳		先	駆	者

Q9 通話料金

自	転	車		法	律	家
家		内	科	医		庭
発		灯		学		教
電	流		給		恩	師
	通	話	料	金		
深		題		曜		洋
夜	行	性		日	本	酒

Q10 面白半分

八	重	歯		相	関	図
方		医	学	部		画
美		者		屋		工
人	体		折		豊	作
	面	白	半	分		
微		血		譲		香
熱	気	球		地	下	水

Q11 大器晩成

一	覧	表		社	交	性
刀		舞	踏	会		格
両		台	人		診	
断	絶		今		横	断
		大	器	晩	成	
銀		楽		人		落
行	進	曲		式	次	第

Q12 年中無休

公	有	地		歩	合	給
明		下	水	道		与
正		鉄		橋		所
大	学		有		説	得
		年	中	無	休	
頻		心		刊		入
繁	華	街		日	光	浴

Q13 空前絶後

合	言	葉		熱	血	漢
成		緑	地	帯		和
写		素		夜		辞
真	夏		気		祭	典
	空	前	絶	後		
巡		売		援		駅
回	数	券		会	社	員

Q14 一部始終

戦	時	中		問	題	外
国		古	本	屋		国
大		車		街		為
名	画		開		両	替
	一	部	始	終		
朝		屋		着		密
食	事	代		駅	長	室

Q15 日本銀行

軽	音	楽		散	歩	道
自		天	然	水		路
動		家		車		標
車	両		純		博	識
	日	本	銀	行		
実		場		楽		路
現	住	所		地	平	線

Q16 心機一転

一	両	日		動	植	物
日		刊	行	物		見
一		紙		園		遊
善	良		唯		雪	山
	心	機	一	転		
花		関		校		前
弁	護	士		生	野	菜

Q17 一大事

一	人	旅		非	常	食
長		客	商	売		欲
一		機		品		旺
短	大				大	盛
	安	心	立	命		
影		配		令		絵
絵	空	事		文	庫	本

Q18 異邦人

大	目	玉		風	土	記
同		手	荷	物		録
小		箱		詩		映
異	国			垂		邦	画
	産	地	直	送		
園		球		受		危
芸	能	人		信	号	機

Q19 子供部屋

修	学	旅	行		日	本	晴
理		客		絵	本		耕
		運	転	手		梅	雨
手	間	賃		紙	袋		読
拍		花			小		
子	供	部	屋		路	地	裏
		外		解			表
人	気	者		答	案	用	紙

Q20 月見団子

順	風	満	帆		大	海	原
番		員		不	安		稿
		電	熱	器		費	用
三	輪	車		用	心	紙	
日			親		理		
月	見	団	子			学	芸	会
			体		旅		計
観	光	客		行	政	書	士

Q21 意味深長

花	火	大	会		雨	合	羽
束		量		高	音		毛
		生	意	気		昆	布
不	動	産		圧	力		団
注			船		仕		
意	味	深	長		事	務	室
		海		白			外
秋	刀	魚		紙	飛	行	機

Q22 気分転換

年	末	年	始		養	父	母
金		中		双	子		子
		行	進	曲		握	手
水	仕	事		線	香		帳
蒸			交		辛		
気	分	転	換		料	理	屋
			校		文		形
上	級	生		豪	華	客	船

Q23 土木工事

小	春	日	和		活	火	山
鳥		曜		人	気		紫
		大	学	生		清	水
紙	細	工		観	光		明
粘			食		合		
土	木	工	事		成	績	表
	芸		接			現	
必	需	品		待	機	電	力

Q24 十年一日

郷	土	料	理		極	彩	色
愁		理		音	楽		彩
		十	人	十	色		同	感
時	代		年		寝		覚
刻		均	一		正		
表	情		日	進	月	歩	
	報			学			再
震	源	地		校	長	先	生

Q25 日本地図

新	社	会	人		人	物	画
幹		力	仕	事		期	
線	路		車		異		的
	地	球		行	動	力	
表	裏		楽			物	
意		日	本	地	図		質
文				書	簡	文	
字		温	泉	旅	館		明

Q26 面目躍如

天	気	予	報		家	庭	科
然			道	案	内		学
	留	守	番		安		者
	学		組		全	国	
出	生	地				名	人
処		面	目	躍	如		工
進	学		的			護	衛
退		天	地	無	用		星

Q27 表裏一体

梅	雨	前	線		和	菓	子
干		哨		格	式		守
	悪	戦	苦	闘		演	歌
金	運			技	量		
屏		代	表		販	売	機
風	向		裏		店		会
	上		一				均
一	心	同	体		不	平	等

Q28 花鳥風月

一	年	生			満	腹	感
期		花	鳥	風	月		無
一			船			大	量
会	者	定	離		布	団	
	期		御		円		高
入	場	券		神	社		山
道		解	体				植
雲	散	霧	消		手	荷	物

Q29　生年月日

三	輪	車		月	夜		無
日		内	金		勤	務	表
坊			運	転	手		情
主	人	公			当	初	
	間		調	査		年	金
女	性		味		食		融
学		食	料		道		緩
生	活	費		行	楽	日	和

Q30　社内恋愛

風	林	火	山		国	際	人
力			道	案	内		力
発		賛				愛	車
電	子	辞	書		新	妻	
	会		物			家	人
出	社			恋	文		事
入		交			学		異
口	座	番	号		部	活	動

Q31　無理難題

国	立	大	学		海	産	物
士			問	題	外		欲
無	限	大			旅		
双		一		知	行	合	一
	門	番		識			対
入	口		前	人	未	到	
場		仏			解		難
料	理	教	室		決	勝	点

Q32　人気女優

会	者	定	離		小	夜	曲
議			合	気	道		線
室	長		集			優	美
	方		散		手		
人	形	劇			料	金	所
畜		画	像	処	理		帯
無	駄			女			道
害		代	表	作		家	具

Q33　用意周到

一	陽	来	復		釣	針		絵
部		客		誕		小	切	手
始		中	学	生		棒		紙
終	電			日	曜	大	工	
	光	熱	費				場	
	石		用	意	周	到		産
消	火	器		味		着	心	地
毒			水	深				直
薬	剤	師		長		再	放	送

Q34　満員電車

生	鮮	食	品			自	治	体
年			評		満	腹		重
月			会	社	員		羽	
日	本	人			電	気	毛	布
		力		馬	車		布	
一	輪	車		耳		肉	団	子
触				東	洋			供
即			北	風		駐		部
発	泡	酒			水	車	小	屋

Q35 前途洋洋

名	物	料	理			風	邪	薬
所			路	面	電	車		剤
案		調	整			教	師	
内	祝		然		小	児	科	
	祭	典			道		書	留
前	日		防	寒	具			守
途		唐		中		十	八	番
洋		辛		水	道			電
洋	菓	子		泳		自	慢	話

Q36 天気予報

日	本	晴			一	衣	帯	水
進		天	気	予	報			耕
月				行			盆	栽
歩	行	者		演	出	家		培
		雲		学	習		主	人
		流	生		読		生	花
雨	水		証	明	書			火
模		優		週	末			大
様	式	美		時	間		都	会

Q37 明鏡止水

一	円	玉			家	族	旅	行
陽		子	供	部	屋			楽
来		酒		長	明	後	日	和
復	活		時	代		鏡		
	動		理			止		
	写	生	画			水	曜	日
純	真		家	計	簿			本
文		満		算		独		庭
学	校	開	放		国	立	公	園

Q38 公明正大

生	年	月	日		公	明	正	大
活			本	格	的			正
用		陳	列			現		時
水	道		島		世	代	交	代
	案			空	間		通	
家	内	安	全		話		整	備
庭		心		賞		真	理	
菜		感	謝	状		夜		新
園	芸		礼		途	中	下	車

Q39 予備知識

天	気	予	報		片	道	切	符
真		告	白		案			
爛		投	書		室	内	装	飾
漫	才		体	温		身		
	色		自	力		具	合	
	兼		意		交	通		理
予	備	知	識		信	憑	性	
想		過	去		販			
外	気		剰		商	売	繁	盛

Q40 文化遺産

大	同	小	異		良	妻	賢	母
器		切		親	心			性
晩		手	拍	子		文	庫	本
成	人		丼			化		能
	生	命	力			遺		
	哲		自			水	産	資	源
医	学		慢		彩			氏
薬		宴		洋	画			物
品	評	会		食		外	来	語

Q41　帰国子女

行	雲	流	水		風	力	発	電
楽			中	古	車			気
日		独		事			大	工
和		創	立	記	念	日		事
	目	的				本		
生	薬			夫	婦	茶	碗	
活		往	復		女			無
環			帰	国	子	女		邪
境	界	線				心	意	気

Q42　大願成就

心	機	一	転		中	華	料	理
象		昨		絵	心			科
風		日	曜	日		応	接	室
景	観			記		用		
	光	回	線		他	力	本	願
大	地				人		質	
願			一	大	事		的	中
成		臨		変		便		学
就	寝	時	間		福	利	厚	生

Q43　料理番組

安	全	運	転		電	光	石	火
全			生	意	気			災
第		布			炬		吉	報
一	家	団	欒		燵			知
	庭			縁		浄	水	器
	料	理	番	組			産	
無	理					実	物	大
限			休	息				学
大	安	吉	日		国	立	病	院

Q44　無我夢中

大	器	晩	成			温	泉	宿
安			人	口	密	度		題
吉		新		紅			換	
日	用	品				寒	気	団
	水		無	我	夢	中		
道	路	工	事		幻		知	人
楽			故	郷		演		間
息		和		土		出	入	国
子	守	歌		愛	妻	家		宝

Q45　家庭訪問

家	族	旅	行		全	問	正	解
庭			進	学	校			放
菜		操			集		直	感
園	芸	作	物		会	場		
	能						探	訪
一	人		映	画	女	優		問
心				期		柔	道	着
同		家	庭	的		不		
体	重	計			横	断	歩	道

Q46　三日天下

家	内	安	全		写	真		名
族			国	花		夏	場	所
旅		大		火	曜	日		案
行	楽	地		大			機	内
	天		都	会	人		内	
自	家	発	電			昼	食	
作				熱	帯	夜		三
自		地	下	水		兼		輪
演	技	力			急	行	列	車

Q47 有名無実
Q48 家内安全
Q49 一期一会
Q50 一長一短
Q51 花火大会
Q52 品行方正

Q53 路面電車

七	福	神		大	胆	不	敵
転		秘	密	兵	器		注
八			晩		意	中	
起	承	転	結		成	人	古
		校		集		間	車
中	学	生		中	立	国	
途			電	力		宝	飾	品
半	導	体		線			評
端		高	速	道	路		面	会

Q54 天地無用

無	念	無	想		三	寒	四	温
我			定	休	日			泉
夢		奇		坊		用	地
中	心	人	物		主	食	
		理				料	理	人
大	学	病	院		新	品		類
願		長		進		情	愛
成	人	式		天	気	予	報
就		服	地		鋭		誌	面

Q55 奇想天外

太	陽	光	発	電		有	頂	天
平		通		気		然
洋		信		自	治	体		記
高			運	動		内		念
気	象	学		車		時	代	物
圧		生	命		生	計
	感	服			命		奇	行
		想		外	科			商
縄	文	時	代		学	校	法	人

Q56 途中下車

家	庭	円	満		大	黒	柱
内		月	下	氷	人		時
安		運					計
全	自	動		中	途	半	端
		転			南		歩
新		車		日	米		鍋	奉	行
進			曜			料		者
気	宇	壮	大		地	理		天
鋭		工	事	中		外	国

Q57 千変万化

一	騎	当	千		証		文
朝		秋		文	明	開	化
一		音	楽	大	学		遺
夕	景		学		畜	産
	気		野	生	動	物
	変	化	球				気
行	動			森	羅	万	象
商		雑	木	林			衛
人	跡	未	踏		浴		流	星

PUZZLE POCHETTE

著者紹介
川内英輔
（かわち・えいすけ）

パズル作家。1957年、愛知県名古屋市生まれ。学生時代、某情報誌のパズルページのバイトがきっかけでパズルを作りはじめる。独り黙々と行う仕事が向いていたのか、いつのまにか本業になり、雑誌、広告、専門誌のパズル、クイズの世界を彷徨い続け今日に至る。著書に『漢字しりとりパズル』『漢字交じりクロス デラックス』、共著に『漢字しりとりパズル ラビリンス』がある。

漢字ジグソースケルトン ベスト

2015年12月5日　第1刷発行

著 者
川内英輔
発行者
中村　誠
印刷所
誠宏印刷株式会社
製本所
株式会社越後堂製本
発行所
株式会社日本文芸社
〒101-8407　東京都千代田区神田神保町1-7
電話 03-3294-8931（営業） 03-3294-8920（編集）
URL http://www.nihonbungeisha.co.jp/
＊
©2015 Eisuke Kawachi Printed in Japan
ISBN978-4-537-21340-9
112151120-112151120 Ⓝ01
編集担当・村松

※乱丁・落丁などの不良品がありましたら、小社製作部宛にお送りください。
送料小社負担にておとりかえいたします。

法律で認められた場合を除いて、本書からの複写・転載（電子化を含む）は禁じられています。
また、代行業者等の第三者による電子データ化及び電子書籍化は、いかなる場合も認められていません。